A família cresceu!

A chegada de um novo membro da família merece ser registrada em lindas fotos! Além de acompanhar o desenvolvimento e as grandes mudanças durante o primeiro ano do bebê, guardar as mais doces lembranças é uma forma de construir memórias que transbordam amor e carinho...

O primeiro banho, o primeiro passeio e muitos outros doces acontecimentos poderão ser registrados com os lindos *cards* recortáveis. Leia as dicas e prepare-se para os cliques mais fofos, que tornarão essa jornada supermarcante e resultarão em fotos que traduzem os sentimentos mais puros e sinceros.

Dicas para fotos perfeitas:

1. Sempre certifique-se de que a lente da câmera esteja limpa. Essa simples ação garantirá fotos mais nítidas!

2. Você pode montar diferentes cenários, usando fantasias, brinquedos e até mesmo bolos e balões, ou pode buscar outras inspirações... O ideal é definir o conceito e manter o padrão em todas as fotos, evidenciando o crescimento do bebê no primeiro ano!

3. A luz é muito importante quando vamos tirar fotos. Por isso, observe com atenção a iluminação do ambiente escolhido, seja ele interno ou externo. Evite tirar fotos contra a luz ou sob uma iluminação direta muito forte, pois isso acaba criando muitas sombras.

4. Se possível, programe-se para fotografar durante o dia e aproveite a luz natural do sol! Dica: o momento depois do cochilo e do lanche da tarde é quando a criança está mais animada e o sol provavelmente não estará tão forte.

5. Caso as fotos sejam feitas no período da noite, use o modo noturno da câmera e invista em uma boa iluminação indireta. Você pode iluminar uma parede branca usando uma lanterna, para evitar penumbras, por exemplo.

6. Será preciso muita agilidade, pois crianças pequenas entediam-se facilmente. Tire a maior quantidade de fotos possível, deixando para conferi-las depois da sessão. Outra dica é fazer algumas fotos de teste, antes de incluir a criança no local.

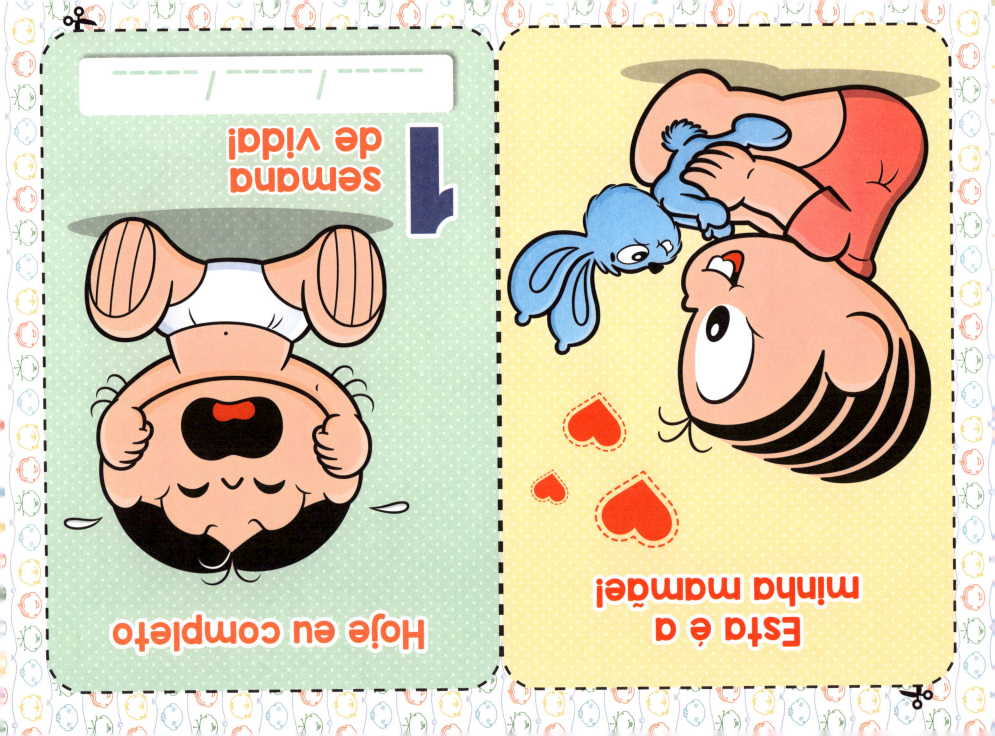

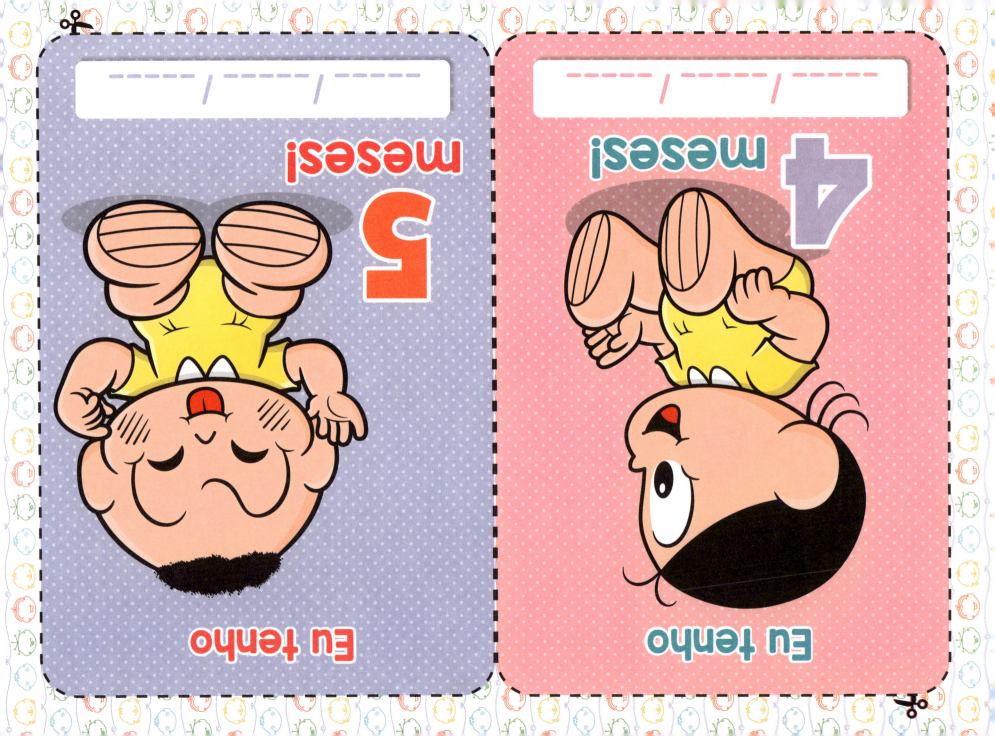

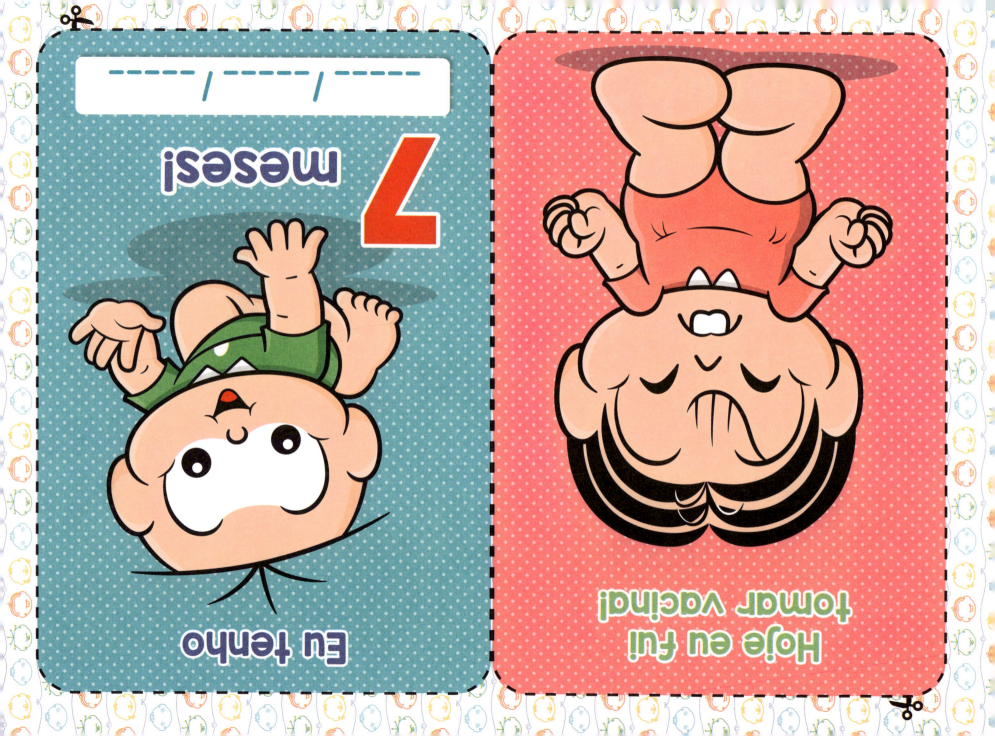